탑파시리즈 ①

한국의 탑

국보편

탑파시리즈 ①

한국의 탑

국보편

김환대 · 김성태 지음

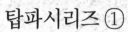

책을 내면서……

　불교 미술 가운데 조형물로서는 가장 불교의 특징을 잘 나타낸 석조물이 탑이다. 전국 각지에 수없이 많은 사찰과 절터에 산재한 탑들은 신앙의 예배 대상물이다.

　우리나라는 삼국시대 이래 많은 탑들을 전국적으로 조성하여 시대별로 다양한 양식으로 발전을 거듭해 나아갔다. 석탑의 나라라는 이름답게 양질의 석탑에 그 나름대로의 독특한 조형미를 가미하여 다양한 모습으로 변화된 석탑들 표면에 장엄을 위한 사방불, 금강역사상, 사천왕, 팔부중상, 십이지신상 등을 표현하여 하나의 완성된 조각으로 아름다움을 연출하기도 하였다.

　석조물이 좋아 오랜 세월 전국을 다녔다. 변함없이 늘 그 자리를 그대로 지키고 있는 것도 있지만, 주변이 많이 변화된 현 상황에서 이제 관람이 어려운 그런 유적들도 있다.

　전국 어디서나 쉽게 볼 수 있었으나 의외로 어렵게 다녀온 곳도 많으며 출입이 금지되어 볼 기회조차 없는 유적이 있었다.

이 책은 그동안 다녀온 곳을 정리하여 앞으로 탑을 찾아 공부하고자 하는 이들에게 도움이 되고자, 부족하지만, 한 권의 자료로 엮었다.

지금 이 순간 변화되고 달라진 모습이 있는 탑들도 있으나 훗날 다시 그들을 만날 때 이 자료가 필요한 그런 책으로 거듭나길 바라며……

2008년 10월
김환대 · 김성태

일러두기

1. 본 책은 한국의 국보 중 탑을 대상으로 선정하였다.

  1) 2008년 8월 현재 지정된 국보 29기 중 28기의 탑을
     중심으로 서술하였다.
  2) 국보 제105호 산청 범학리 삼층석탑은 관람이 어려
     운 관계로 제외하였다.
  3) 국보 지정순으로 정리하였고 가장 최근 연구 성과를
     중심으로 서술하였다.

2. 문안 내용은 현장에 설치된 문화재 안내문을 중심으로
   객관적인 사항만 서술하였다.

3. 사진은 가장 최근에 현장에서 직접 촬영한 것을 사용하였
   으나 유적들의 과거 모습이 담긴 사진은 일부 제공받았다.

4. 말미에 【부록】 편으로 석탑의 기본 용어와 명칭을 설명하
   였다. 탑을 전반적으로 이해하는 데 도움이 되었으면 한다.

CONTENTS

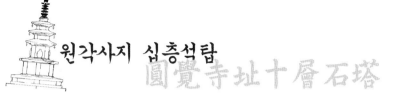

원각사지 십층석탑
圓覺寺址十層石塔

국보 제2호

소재지: 서울특별시 종로구 종로2가 37

이 탑은 현재 탑골 공원에 있으며, 조선 세조 13년 (1467)에 세운 것으로 탑의 재질은 대리석이며 높이 12m 이다.

기단(基壇)은 3층으로 되어 있고, 위에서 보면 아자형 (亞字形)자 모양이다.

전체적인 형태가 고려시대의 경천사 십층석탑(국보 제86호)가 비슷하여 양식적 영향을 받은 듯 하다. 각 층마다 목조 건축을 모방하여 지붕의 공포(栱包), 기둥, 낙수면의 기와골 까지도 정교하고 세부적으로 잘 표현하였다.

기단 각 면석에는 용·사자·연꽃·인물·나한상·선인(仙人) 등이 조각되어 있고, 탑신에는 수많은 불상·보살상·천왕상(天王像)·천인(天人) 등이 새겨져 있어 주목된다.

맨 위 3층은 오랫동안 무너져 땅에 내려져 있던 것을 1947년에 원래 상태로 복원하였다.

원각사는 탑골 공원 자리에 있었던 절로, 고려 때부터 있던 흥복사 (興福寺)라는 절을 조선 세조 11년(1465)에 다시 짓고 이름도 원각사라 고쳤다. 연산군 10년(1504) 갑자사화 (甲子士禍) 때 이 절을 연방원(聯芳院)이라는 이름의 기생집으로 만들어 승려들을 내보냄으로써 절은 없어지게 되었다.

원각사지 십층석탑

세부 조각 표현

세부 조각 표현

세부 조각 표현

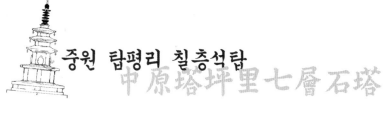

중원 탑평리 칠층석탑

中原塔坪里七層石塔

국보 제6호

소재지: 충청북도 충주시 가금면 탑평리 11

이 탑은 우리나라의 중앙부에 위치한다고 해서 중앙탑
(中央塔)이라고도 불리며, 높게 쌓은 토단 위에 이중 기
단(基壇)과 7층의 탑신(塔身)을 올린 규모가 큰 탑으로
통일신라 9세기의 탑으로 추정되며 높이 12.8m이다.

1916년도의 조사에 의하면 기단부의 일부가 파손되어
점차 기울어지고 있으며 심할 경우 도괴의 위험이 있어
시급한 보수가 필요하다고 하여 다음 해인 1917년 석탑
에 대한 전면적인 해체복원 공사가 진행되었는데, 해체
도중 탑신부와 기단부에서 사리장엄들이 발견되어 현장에
서 수습하였다.

발견된 유물은 6층 몸돌에서는 경감(鏡鑑) 2매, 칠합(漆
盒) 1개, 은제사리병(銀製舍利瓶)과 그 안에 들었던 유리제
사리병 각 1개씩이 발견되었고, 기단에서는 청동제 유대합
(有臺盒) 1개가 발견되었다. 그중 경감은 고려시대의 거울로
서 창건 이후 두 번째의 사리를 봉안했던 것으로 추측된다.

1992년과 1993년 두 차례 한국교원대학교 박물관에 의하여 학술 발굴 조사되었는데, 통일신라시대 막새 기와편과 평기와편들이 발견 조사되었다.

탑신부는 몸들이 각 층마다 여러 장의 돌로 구성되어 있다. 지붕돌은 네 귀퉁이 끝이 경쾌하게 치켜 올려 있고 밑면에는 5단의 층급 받침이 새겨져 있다.

현재 상륜부(相輪部)에는 이중의 노반(露盤)·복발(覆鉢)·앙화(仰花)가 남아 있다.

학자에 따라 건립 연대를 7세기 후반, 8세기 후반, 785
년경(신라 원성왕대)에 세워진 것으로 추정하기도 한다.

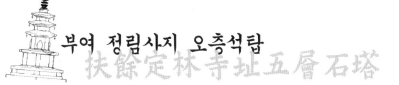

부여 정림사지 오층석탑
扶餘定林寺址五層石塔

국보 제9호

소재지: 충청남도 부여군 부여읍 동남리 379

이 탑은 여러 장의 돌을 사용한 낮은 단층 기단(基壇) 위에 5층의 탑신(塔身)을 세운 것으로 높이 8.3m이다. 탑의 재질은 반상 흑운모 화강 섬록암이다.

국보 제11호 익산 미륵사지 석탑과 함께 남아 있는 백제 시대의 석탑으로 중요한 자료로 평가된다. 1942년 일본인들이 조사할 때 태평팔년술진정림사대당초(太平八年戌辰定林寺大當草)라는 명문이 새겨진 기와(고려 현종19년(1028))가 발견되어 이곳이 정림사였음을 알게 되었다. 1979년에서 1980년, 1983년, 1984년 충남대학교 박물관에 의해 전면 조사되었다.

1층 탑신 사면에는 모두 당나라 장수 소정방(蘇定方)이 백제를 정벌한 기념탑[大唐平百濟國碑銘]이라는 뜻의 글귀(기공문)가 새겨져 있다. 한때 일본인들이 '평제탑'이라고 잘못 부르는 등 수모를 겪기도 하였다. 기단은 각 면의 가운데와 모서리에 기둥돌을 끼워 놓았고, 탑신부의 각 층 몸돌에는 모서리마다 기둥을 세워 놓았는데, 목조 건물의 배흘림기법을 이용하였다. 탑신부에 비해 비례상 좁고 낮은 듯한 느낌이 들며 당시 유행하던 목조탑의 골격을 유지하고 있다.

정림사지(사적 301호)는 2008년 현재 발굴 조사하여 2011년까지 복원될 예정이다. 2006년 개관한 정림사지 박물관 제2전시실 정림사지관에는 정림사를 12분의 1 크기로 복원해 놨으며 정림사지 발굴현장을 꾸며 놓은 모형과 정림사 오층석탑에 대한 시뮬레이션 설명 등은 관람객들에게 생생한 현장감을 전해 준다.

부여 정림사지 오층석탑(扶餘定林寺址五層石塔) 21

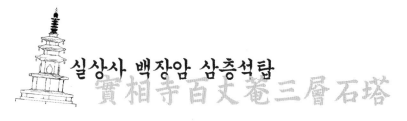

실상사 백장암 삼층석탑
實相寺百丈菴三層石塔

국보 제10호

소재지: 전라북도 남원시 산내면 대정리 974 실상사 백장암

낮은 단층 기단(基壇) 위에 3층의 탑신(塔身)을 올린 모습으로, 높이 5m이다. 각 층 면석마다 많은 조각상들이 있어 주목되는 탑이다.

탑의 너비가 거의 일정하며, 2층과 3층은 높이도 비슷하다. 기단과 탑신 괴임에는 난간을 새겼고, 1층에는 탑신에는 보살상(菩薩像)과 신장상(神將像)을, 2층에는 음악을 연주하는 주악천인상(奏樂天人像)을, 3층에는 천인좌상(天人坐像)을 새겼다. 1·2층 지붕돌 아랫면에는 앙련의 연꽃잎을 새긴 데 비해 3층에는 특이하게 여기만 삼존불좌상을 조각하여 주목된다. 갖가지 화려한 장식 등으로 보아 통일신라시대 후기 9세기에 세워진 것으로 추정된다.

상륜부(相輪部)는 노반(露盤), 복발(覆鉢), 보개(寶蓋), 수연(水煙)이 완전한 찰주(擦柱)에 겹쳐 있는 것도 희귀한 예이다.

1998년과 2002년 원광대학교 마한·백제문화연구소에서 발굴 조사하였는데 삼층석탑 옆 지하 기단부(基壇部)에서 팔부신장상(八部神將像) 등 부재 6점이 발견되었고, 그외 고려시대 막새류와 조선시대 명문기와 등 다양한 유물이 출토되었다.

미륵사지 석탑

彌勒寺址石塔

국보 제11호

소재지: 전라북도 익산시 금마면 기양리 97

이 탑은 백제 최대의 사찰이었던 미륵사 터에 있는 서
탑이다. 현재 6층까지만 남아 있으나 주변 발굴 조사를
통하여 9층이었음이 밝혀졌다. 탑신(塔身)은 1층 몸돌에
각 면마다 3칸씩을 나누고 가운데 칸에 문을 만들어서
사방으로 내부가 통하게 만들었고 내부 중앙에는 교차되
는 중심에 거대한 사각형 모양의 기둥을 세웠다.

1층 몸돌 네 면에도 모서리기둥을 세웠는데, 위아래가
좁고 가운데 부분이 볼록한 배흘림 기법을 따르고 있으
며, 목조 건축을 재현 하듯이 기둥 위에 평방(平枋)과 창
방(昌枋)을 본 떠 설치하였다.

지붕돌은 얇고 넓으며, 2층부터는 탑신이 얕아지고 각
부분의 표현이 간략화되며, 지붕돌도 1층보다 너비가 줄어
들 뿐 같은 수법을 보이고 있다. 5층 이상의 층급 받침은
3단에서 4단으로 증가되었다.

붕괴 직전에 있던 것을 1915년 일본인들이 보수하여 탑

의 동쪽 면은 완전하게 남아 있으나 서쪽 면은 시멘트로 덮어 버려 조형미를 잃었다. 1993년 발굴 결과를 토대로 동탑을 9층으로 복원하였다.

탑이 세워진 시기는 백제 말 무왕(600~641)대인 7세기 초로 보는 견해가 유력하다. 우리나라에 남아 있는 가장 오래되고 커다란 규모의 탑으로, 목탑에서 석탑으로 이행하는 과정을 볼 수 있다.

최근 연구 결과 이 탑의 붕괴 원인은 지진일 가능성이 가장 높은 것으로 드러났고, 또 그동안 두 번 무너졌고, 석탑 재료인 화강암은 인근 미륵산 세 곳에서 채취하였다는 사실이 밝혀졌다.

2001년 10월, 총공사비 80억 원을 들여 해체·보수 작업에 들어가 2008년 완성할 예정이었으나 아직도 작업은 계속되고 있다.

미륵사지는 1974년과 1975년 원광대학교 마한·백제문화연구소에서 동탑지 부근을 발굴 조사하였다. 이후 1980년대부터 1995년까지 발굴 조사를 실시하여 막새기와 등 25,000여 점이 넘는 유물이 출토되었고, 3탑 3금당 3회랑의 가람배치임이 확인되었다. 유물전시관이 잘되어 있어 석탑과 미륵사지에 대한 전체적인 이해를 하는데 도움이 된다.

2006년 석탑 해체 과정 사진

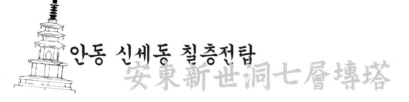

안동 신세동 칠층전탑
安東新世洞七層塼塔

국보 제16호

소재지: 경상북도 안동시 법흥동 8-1

　이 탑은 국내에서 가장 오래되고 큰 전탑으로 높이는 17.2m이다.

　단층 기단(基壇) 위에 7층의 몸돌을 쌓아 올렸고 기단의 각 면에는 팔부중상(八部衆像)과 사천왕상(四天王像)을 새겨 놓았다. 기단 남쪽 면에는 계단을 설치하여 1층 몸돌에 만들어진 감실(龕室)을 향하도록 하였다. 각 층 지붕돌 윗면에는 기와를 얹었던 흔적이 남아 있다. 기단의 윗면은 시멘트로 발라 놓아 원형이 많이 훼손된 상태이다. 상륜부(相輪部)는 현재 노반(露盤)만 남아 있다.

　『영가지』에는 본부의 비보사찰로 성화 23년(성종 18년(1487))에 개수하였고 당시까지 법흥사가 3칸 정도 남아 있었다고 했으며, 탑의 상륜부에 금동장식은 임청각을 창건한 이명(李洺)의 아들 이고(李股)라는 분이 철거하여 그것을 녹여 객사(客舍)에 사용하는 집기를 만드는데 사용하였다는 기록이 있다. 그 후 1919년 개수한 바 있다.

안동 신세동 칠층전탑(安東新世洞七層塼塔) **31**

불국사 다보탑

佛國寺多寶塔

국보 제20호

소재지: 경상북도 경주시 진현동 15 불국사

경주 불국사 대웅전 앞에 서 있는 이 탑은 『법화경(法華經)』에 의하면 "부처가 영취산(靈鷲山)에서 이 경을 설파할 때 다보여래의 진신사리(眞身舍利)를 모셔 둔 탑이 땅 밑에서 솟아 나오고, 그 탑 속에서 소리를 내어 부처의 설법을 찬탄하고 증명하였다" 한다.

『법화경(法華經)』의 견보탑품(見寶塔品)에 의거한 사상적 배경을 바탕에 두고 건립한 것으로, 본래 이름은 다보여래상주증명탑(多寶如來常住證明塔)이다. 탑의 형태 자체가 다른 어느 나라에서도 볼 수 없는 독특한 형태인데 십(十)자 모양의 기단은 사방에 돌계단을 마련하고, 8각형의 탑신은 그 주위로 네모난 난간을 돌렸다. 여기에 대나무마디 모양의 돌기둥, 16장의 연꽃무늬 등을 새겼다. 지붕돌은 팔각이고 그 위에 상륜부(相輪部)가 이루어져 있다. 화강암을 이렇게 마치 목재 다루듯이 각 부재를 조성한 것은 신라인들의 놀라운 조각 솜씨를 엿볼 수 있다.

1925년경에 일본인들이 탑을 완전히 해체, 보수하였는데, 이에 관한 기록이 전혀 남아 있지 않다. 기단의 돌계단 위에 놓여 있던 네 마리의 돌사자 가운데 보존 상태가 좋은 세 마리가 일본인들에 의해 약탈되어, 지금은 한 마리만 남아 있다.

경덕왕 10년(751)에 세운 것으로 추정되며, 석가탑(불국사 삼층석탑)과 함께 우리나라의 대표적인 석탑으로, 높이 10.4m이다.

상륜부

다보탑의 세부 구조

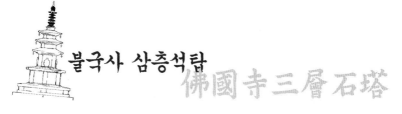

불국사 삼층석탑

佛國寺三層石塔

국보 제21호

소재지: 경상북도 경주시 진현동 15 불국사

이 탑은 불국사 대웅전 앞뜰 서쪽에 있다. 탑의 원래 이름은 석가여래상주설법탑(釋迦如來常住設法塔)으로, 석가탑이라고 줄여서 부른다. 현재의 부처인 석가여래가 설법하는 것을 표현하였는데 『법화경(法華經)』의 견보탑품(見寶塔品)에 의거하였다.

적심석으로 다진 이중 기단(基壇) 위에 3층의 탑신(塔身)을 세운 것으로, 8세기 통일신라시대의 대표적인 석탑이다.

목조 건축을 본떠서 기단의 면석에는 2개의 탱주(撐柱)와 우주(隅柱)를 새겨 놓았다. 지붕돌의 모서리들은 모두 치켜 올려져 있어서 경쾌하게 날아오르는 느낌을 준다. 지붕돌의 층급받침은 각층마다 5단이다.

탑의 상륜부(相輪部)는 파손되어 일부만 남아 있었으나 1973년 남원 실상사 삼층석탑(보물 제37호)을 본떠서 결실된 부분을 복원하였다. 석탑 주변 탑구(塔區)는 둘러놓은 주춧돌에 여덟 장의 잎으로 연꽃무늬를 새겼는데, 팔방금

강좌(八方金剛座)라 한다. 석가탑 주위에서만 볼 수 있는 특이한 형태로 이는 부처님의 사리를 두는 깨끗한 곳이라는 뜻으로 해석하기도 하며, 한편으로 연화대(蓮華臺) 위에 보살(菩薩) 또는 팔부신중(八部神衆)에 놓여 있던 대좌로 추정하기도 한다.

1966년 9월 도굴꾼들에 의해 탑이 손상되었고 그해 12월 탑을 복원하면서 2층 탑신의 몸돌 앞면에서 사리공이 발견되었는데 여러 가지 사리용기들과 함께 유물을 찾아 냈는데, 무구정광대다라니경(無垢淨光大陀羅尼經 국보 제126호)이 수습되었다. 이것은 세계에서 가장 오래된 목판 인쇄물로 닥나무 종이로 만들어졌고 현재 국립중앙박물관에 보관되어 있다.

탑이 건립된 시기는 통일신라 경덕왕 원년인 742년으로 추정되며, 무영탑(無影塔: 그림자가 비치지 않는 탑)이라고도 불리는데, 석가탑을 만든 백제의 석공 아사달과 아사녀의 슬픈 전설로 인한 것이다.

노후와 풍해로 인한 파손이 심각해 해체·보수가 2008년 후반기 곧 진행될 예정이다.

팔방금강좌(八方金剛座)

금동보각형 사리외함

금동 사리함

은제 사리합(은제 사리내호 · 호)

녹유리 사리병

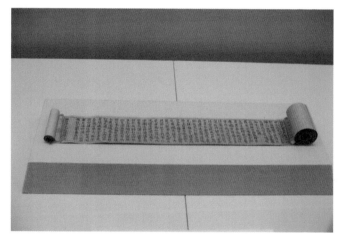

무구정광대다라니경(국립경주박물관소장)

분황사 석탑

芬皇寺石塔

국보 제30호

소재지: 경상북도 경주시 구황동 313

이 탑은 신라 석탑 가운데 현재 남아 있는 가장 오래된 것이다.

안산암이란 돌을 벽돌처럼 다듬어 쌓은 모전석탑으로 기단은 크기가 제각기 큰 돌을 쌓았고 탑신 쪽으로 갈수록 경사가 급해지고 1층 몸돌에 비해 2층부터는 현저하게 줄어든 모습이다.

기단 위에는 네 모퉁이에 돌사자를 각각 배치하였다. 일부 상태가 좋지 않아 결실된 부분은 2007년 4월 28일 국립경주문화재연구소에서 수리 복원하였다. 현재는 3층까지만 남아 있으나, 9층이었을 것으로 추정된다.

1층 탑신의 사방에 감실(龕室)을 두고 돌문을 내었고 감실 입구에 동·서·남·북으로 각기 둘씩의 생동감이 넘치는 인왕상(仁王像)을 돌을새김 하여 세웠다.

1915년 일본인들이 해체 수리하였는데, 이때 수리 당시 2층과 3층 사이에서 돌 석함(石函) 속에 장치되었던 사리장엄구가 발견되었는데, 여러 가지 구슬, 금·은제 바늘과 침통, 가위 등과 함께 고려시대에 사용하였던 숭녕통보와 상평오수 등이 출토되어 고려 숙종, 예종 때에 보수. 수리되었음을 알 수 있었다.

발견된 사리구들 가운데서 주목되는 것은 바늘통, 바늘, 가위 등 여성들의 생활 용구들인데 일반적인 탑에서는 보기 어려운 것으로 분황사탑 건립이 왕권의 강화와 관련이 있었다는 것을 보여 주고 있다.

석함과 사리장엄구에서 나온 각종 공양품은 현재 국립경주박물관 미술관 2층에 전시되어 있다.

『동경잡기(東京雜記)』에 의하면 분황사 탑은 9층이었으나 신라 삼보의 하나로 임진왜란 때 왜병에 의하여 그 반이 허물어지고 그 뒤 분황사의 중(愚僧)이 이를 개축하려다 또 허물어뜨렸다고 한다.

분황사에 대한 발굴은 여러 차례 이루어졌는데, 1975년 2월 실시된 당시 조사에서 금동 보살 입상과 귀면와, 신라 및 고려시대 와당 등이 발견되었다. 그 뒤 1992년 4월 국립경주문화재 연구소에서 제3차 발굴을 실시한 결과 분황사의 가람배치가 1탑 3법당 형식이었음을 확인할 수 있었는데, 품(品)자형 가람배치로서 이는 신라문화권에서는 처음으로 밝혀졌다. 1990년대부터 일대를 발굴 조사하여 분황사의 창건 금당지와 그 뒤 중건되어 현재 보광전에 이르는 금당의 변천 과정과 회랑지, 석등지, 강당지 등이 확인되었다. 주변은 현재도 발굴 조사 작업 중에 있다.

인왕상

석사자

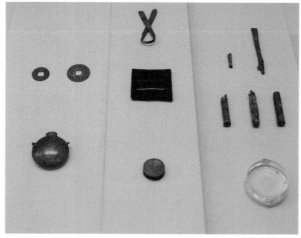

석함과 사리장엄구에서 나온 유물(국립경주박물관 소장)

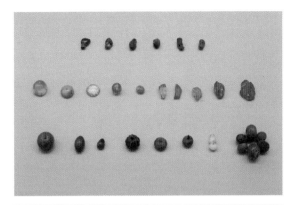

사리장엄구에서 나온 유물(국립경주박물관 소장)

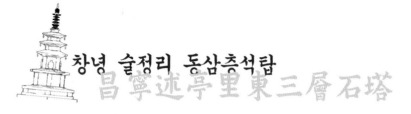

창녕 술정리 동삼층석탑

昌寧述亭里東三層石塔

국보 제34호

소재지: 경상남도 창녕군 창녕읍 술정리 120

이 탑은 이중 기단(基壇)위에 3층의 탑신(塔身)을 올린 형태이다.

지대석과 중석을 한 돌로 하였고, 기단에는 위·아래층 모두 각 면의 탱주(撑柱)와 우주(隅柱)가 새겨져 있고, 탑신의 몸돌도 우주(隅柱)가 조각되어 있다. 지붕돌은 수평을 이루던 처마가 네 귀퉁이에서 살짝 치켜 올라가 간결한 형태이고, 밑면에 층급 받침은 각 층 5단이다. 상륜부(相輪部)는 모두 없어졌으며, 현재의 높이는 5.75m이다.

1965년 탑을 해체, 복원할 당시 3층 몸돌 상면의 방형 사리공에서 뚜껑 달린 청동잔형 사리용기, 황색의 유리병, 유리구슬, 난백색의 사리 7과가 봉안된 사리병과 향나무편(香片) 및 유리 구슬류 9개 등의 유물들이 발견되어 현재 국립중앙박물관에 소장되어 있다.

비교적 큰 규모로 보아 8세기 중엽에 세워진 탑으로 추정된다. 석탑 주위에는 바닥돌이 꼭 하나만 남아 있었으나

2004년 8월 5일 탑의 북동쪽 1.2km가량 떨어진 하천정비
공사장에서 바닥돌이 발견됐다.

이 탑을 동(東)탑이라 부르는 것은 한 사찰 안에 탑이
쌍으로 건립되어 있어서가 아니고, 행정구역상 술정리 내
에 2개의 탑이 유존하기 때문에 구분하기 위하여 붙여진
명칭이다.

청동잔형사리공용기(국립중앙박물관소장)

담황색 수정사리병(국립중앙박물관소장)

화엄사사사자 삼층석탑

華嚴寺四獅子三層石塔

국보 제35호

소재지: 전라남도 구례군 마산면 황전리 12 화엄사

이 탑은 화엄사 서북쪽의 높은 대지에 석등과 마주보고 서 있으며, 이중 기단(基壇) 위에 3층의 탑신(塔身)을 올린 형태이다.

연기조사(緣起祖師)의 어머니와 관련되는 전설을 지닌 석탑으로, 아래층 기단의 각 면에는 천인상(天人像)을 도드라지게 새겼는데, 악기와 꽃을 받치고 춤추며 찬미하는 등의 다양한 모습이다. 상층기단 갑석은 경사지고 합각선이 뚜렷하다. 가장 주목되고 특징적인 부분인 위층 기단은 암수 네 마리의 사자를 각 모퉁이에 기둥 삼아 세워 놓은 구조로, 사자들에 에워싸여 있는 중앙에는 연꽃 위에 합장한 채 서 있는 스님상(僧像)이 있다. 현재 우리나라에 남아 있는 사자탑 중에서 가장 오래된 탑이다.

탑신은 1층 몸돌에 문비가 새겨져 있는데 내부에는 자물쇠와 문고리까지 표현되어 있고, 앞면에는 인왕상(仁王像), 측면에는 사천왕상(四天王像), 뒷면에는 보살상(菩薩

像)을 각각 조각해 두었다.

지붕돌은 밑면에 5단씩의 층급받침이 있으며, 처마는 네 귀퉁이에서 살짝 들려 있다. 탑의 상륜부(相輪部)에는 노반(露盤)과 복발(覆鉢)만 남아 있다. 이형석탑(異形石塔)으로 경주 불국사 다보탑과 쌍벽을 이루고 있으며 조성 연대는 8세기 후반에서 9세기 초로 추정된다.

화엄사사사자 삼층석탑(華嚴寺四獅子三層石塔)

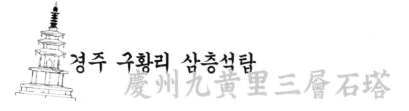

경주 구황리 삼층석탑
慶州九黃里三層石塔

국보 제37호

소재지: 경상북도 경주시 구황동 103

이 탑은 이중 기단(基壇) 위에 3층의 탑신(塔身)을 올린 모습이며, 상층의 기단은 기단 면이 8장, 그 위에 얹힌 갑석은 4장으로 짰고, 상·하층의 기단 면에는 각각 탱주(撑柱)를 2개씩 세웠다. 상층기단의 각 면에 새겨진 가운데 기둥이 3개에서 2개로 줄어들었다.

탑신부는 몸돌과 지붕돌이 각각 하나의 돌로 이루어져 있고, 지붕돌은 윗면이 평평하고 네 귀퉁이가 살짝 올라가 경쾌하며, 밑면에 5단의 층급 받침을 두었다. 탑 윗면에는 2단의 탑신 굄대가 받치고 있다. 탑의 상륜부(相輪部)는 노반(露盤)만 남아 있다.

1942년 이 석탑을 수리하다가 제2층 지붕돌에서 발견한 금동 사리함과 금불상 2구(여래좌상(국보 제79호), 여래입상(국보 제80호))를 비롯하여 많은 유물을 발견하였는데, 사리함 뚜껑 안쪽에 새겨진 조탑명문(造塔銘文)으로 보아, 효소왕 1년(692)에 세워진 것으로, 이후 효소왕의 뒤를 이은

성덕왕이 즉위한 지 5년 만인 706년에 사리와 불상 등을
다시 탑 안에 넣어 앞의 두 왕의 명복을 빌고, 왕실의 번
영과 태평성대를 기원하였다.

현재 높이 7.3m로 감은사지 삼층석탑(국보 제112호)이나
고선사지 삼층석탑(국보 제38호)보다 크기는 작으나 석탑
건축수법의 변화 과정을 보여 주는 8세기의 중요한 탑이다.

경주 구황리 삼층석탑 (慶州九黃里三層石塔) ┃67

금제 여래좌상(국보 제79호)과 금제 여래입상(국보 제80호)

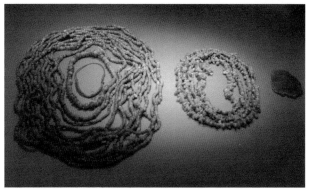

상자형 사리기(국립중앙박물관 소장)

사리 외함에 새겨진 명문

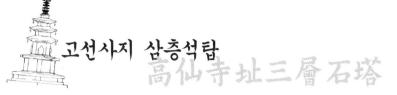

고선사지 삼층석탑
高仙寺址三層石塔

국보 제38호

소재지: 경상북도 경주시 인왕동 76 국립경주박물관

　고선사지에 있던 탑으로, 덕동댐 건설로 인해 1975년에 국립경주박물관으로 옮겨 세워 놓았다. 높이는 9m이다.

　이 탑은 이중 기단(基壇) 위에 3층의 탑신(塔身)을 쌓아 올렸으며, 기단은 여러 개의 돌(12장)로 구성하였으며, 각 면에는 기둥 모양을 새겨 놓았는데 하층기단 탱주(撑柱)는 3주, 상층기단 탱주는 2주이다.

　탑신(塔身)도 여러 개의 돌을 조립식으로 짜 맞추었는데, 초층 몸돌은 우주(隅柱)와 면석을 다른 돌 8장으로, 2층 몸돌은 각 면(面) 1장씩의 4석(石)으로, 3층 몸돌만은 하나의 돌로 이루어져 있다.

　초층 탑신의 각 사면에는 문비형(門扉形)이 조각되어 있다. 그 안에는 작은 못 구멍 자국이 규칙적으로 뚫려 있는데, 이는 표면에 금동판과 같은 장식물을 달아 장엄을 한 것으로 추정된다.

　지붕돌은 개석(蓋石)과 받침을 각각 다른 돌 4석으로 하고 층급 받침은 5단이다. 윗면에 완만한 경사가 흐르는데 네 귀퉁이에서 들려 있어 경쾌함을 주고 있다. 상륜부(相輪部)는 노반(露盤)과 복발(覆鉢)·앙화석(仰花石)이 남아 있고, 찰주(擦柱)는 없다.

이 탑은 감은사지 삼층석탑(국보 제112호)과 같은 양식이 보이며, 건립 연대는 고선사에 원효가 머물렀던 사실로 보아 670년경 세워진 것으로 추정된다.

상륜부(相輪部)의 노반(露盤)과 복발(覆鉢)·앙화석(仰花石)

1층 탑신의 문비형

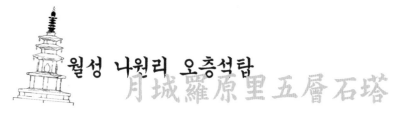

월성 나원리 오층석탑
月城羅原里五層石塔

국보 제39호

소재지: 경상북도 경주시 현곡면 나원리 672

이 탑은 이중 기단(基壇)위에 5층의 탑신(塔身)을 세운 모습이며, 높이는 9.7m이다.

기단과 1층 탑신의 몸돌, 1·2층의 지붕돌을 제외한 나머지가 모두 하나의 돌로 이루어져 있다.

기단은 각 면마다 탱주(撐柱)와 우주(隅柱)를 새겼다. 탑신부도 각 층마다 우주(隅柱)를 조각 하였다.

지붕돌은 경사면의 네 모서리가 예리하고 네 귀퉁이에서 살짝 들려 있어 경쾌하고 날렵한 느낌이고, 밑면 층급 받침은 5단이다. 상륜부(相輪部)에는 노반(露盤)만 남아 있다.

1996년 3월 15일 해체할 때 지붕돌 3층 부분 윗면 사리공에서 사리함이 발견되었는데, 그 안에는 금동의 3층탑 1기, 9층탑 3기, 금동불 입상 1구가 발견되어 현재 국립중앙박물관에 보관 중이다.

감은사지 삼층석탑(국보 제112호)과 고선사지 삼층석탑(국보 제38호)에 버금가는 거대한 규모와 구조로 보아 8세기경에 세워진 것으로 추정된다. 신라 8괴(怪)의 하나로 오랜 세월이 지나도 탑이 너무나 깨끗하여 나원백탑이라 불린다.

상자형 사리기와 출토유물(국립중앙박물관 소장)

상자형 사리기와 출토유물(국립중앙박물관 소장)

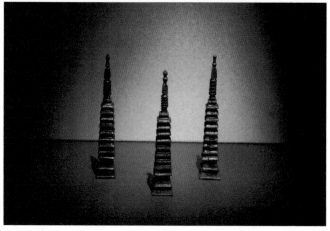

소형 금동탑 출토유물(국립중앙박물관 소장)

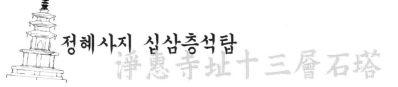

정혜사지 십삼층석탑
淨惠寺址十三層石塔

국보 제40호

소재지: 경상북도 경주시 안강읍 옥산리 1654

이 탑은 13층의 탑신(塔身)을 올린 모습으로, 우리나라
에서는 그 비슷한 예를 찾아볼 수 없는 독특한 수법을 취
하고 있다.

1층 탑 몸돌이 거대한 데 비해 2층부터는 몸돌과 지붕
돌 모두가 급격히 작아져서 2층 이상은 마치 1층탑 위에
덧붙여진 것처럼 보인다.

1층 몸돌은 네 모서리에 사각형의 돌기둥을 세웠으며,
그 안에 다시 보조 기둥을 붙여 감실(龕室)을 만들었다.

지붕돌은 밑면의 받침을 조각이 아닌 별개의 다른 돌로
만들어 놓았고, 기하학적인 곡선미는 이 탑의 매력이다.

목조 건축의 구조를 그대로 나타내고 있으며, 상륜부(相
輪部)는 노반(露盤)만 남아 있다.

1922년, 1977년, 1997년 보수하였고, 2007년 주변을 정비
하여 예전 모습과는 다소 차이가 있다. 통일신라시대 9세
기 이후에 세워졌을 것으로 추정되며, 13층이라는 보기 드

문 층수에, 기단부도 일반적인 양식에서 벗어나 이형 석탑 연구에 중요한 자료가 된다.

정혜사지 십삼층석탑(淨惠寺址十三層石塔)▌*81*

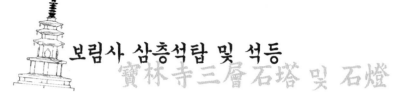

보림사 삼층석탑 및 석등
寶林寺三層石塔 및 石燈

국보 제44호

소재지: 전라남도 장흥군 유치면 봉덕리 45 보림사

이 탑은 대적광전 앞에 남북으로 1기의 석등과 나란히 서 있으며, 구조와 크기가 같다. 이중 기단(基壇) 위에 3층의 탑신(塔身)을 올린 전형적인 통일신라시대 석탑이다.

기단은 위층이 큰 데 비해 아래층은 작으며, 위층 기단의 갑석(甲石)은 얇아 평판적인 느낌을 준다. 상하 기단 탱주(撑柱)의 수도 하층기단에 2주(柱), 상층기단에 1주를 두어 간략화된 수법을 보인다.

탑신부는 몸돌과 지붕돌을 각각 하나의 돌로 만들어 쌓았으며, 각 층 몸돌에 우주(隅柱)를 새겼다.

지붕돌은 밑면의 층급 받침이 5단씩이고, 처마는 기단의 네 귀퉁이가 심하게 들려 있어 윗면의 경사가 급해 보인다.

상륜부(相輪部)는 노반(露盤)·복발(覆鉢)·앙화(仰花)·보륜(寶輪)·보개(寶蓋)·보주(寶珠)까지 완전하게 남아 있다.

　1933년 도굴배가 사리장치를 훔칠 목적으로 탑을 파괴
하였으나 미수에 그쳤고, 다음 해 가을(1934년) 이를 복원
하다가 초층 탑신에서 사리장엄구와 함께 탑지(塔誌)를
발견하였다.

　탑지의 명문(銘文)으로 보아 두 탑이 870년(경문왕 10년)
에 건립되었음 알 수 있다.

　석등은 역시 신라의 전형적인 모습으로, 네모꼴의 바닥
돌 위에 연꽃무늬를 새긴 8각의 아래 받침돌을 얹고, 그
위에 긴 기둥을 세운 후, 다시 위 받침돌을 얹어 화사석
(火舍石)을 받쳐 주도록 하였다.

　화사석은 8각으로 4면에만 창을 뚫어 놓았고, 그 위로
넓은 지붕돌을 얹었는데 각 모서리 끝 부분에 꽃 장식을
하였다.

보림사 삼층석탑 및 석등(寶林寺三層石塔 및 石燈) ▌*85*

사각형 탑지석

사리장엄구(국립광주박물관 소장)

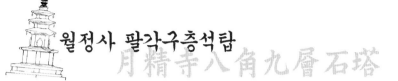

월정사 팔각구층석탑

月精寺八角九層石塔

국보 제48호

소재지: 강원도 평창군 진부면 동산리 63-1 월정사

이 탑은 8각의 이중 기단(基壇) 위에 9층 탑신(塔身)을 올렸으며 남한에 남아 있는 고려시대 다각다층석탑으로는 유일한 것이다. 높이는 15.4m이다. 아래층 기단에는 2구씩 안상(眼象)을 새겨 놓았고, 아래·위층 기단 윗부분에는 받침돌을 마련하여 윗돌을 괴어 주도록 하였다. 갑석(甲石)은 복련(覆蓮)으로 덮고, 그 위의 상층 면석을 받치는 받침돌이 있다.

탑신부는 1층 탑신의 4면에 작은 규모의 감실(龕室)을 마련해 두었다. 일반적인 석탑이 위층으로 올라 갈수록 급격히 줄어드는 모습과 달리 2층 탑신부터 거의 같은 높이를 유지하고 있다.

지붕돌은 밑면에 계단 모양의 받침을 두지 않고 간략하게 마무리하였고, 가볍게 들려 있는 여덟 곳의 귀퉁이마다 풍탁을 달아 놓았다.

상륜부(相輪部)는 노반(露盤)·복발(覆鉢)·앙화(仰花)·

보륜(寶輪)까지는 석조이고, 찰주(擦柱)부터 보개(寶蓋)·수연(水煙)·용차(龍車)·보주(寶珠)는 금동제로 조각하여 화려한 것이 특징이다.

6·25전쟁 때 사찰 건물이 불에 타는 바람에 이 석탑도 피해를 입어 1970년 10월 전면 해체보수가 되었다. 당시 제5층 몸돌에서 은제 도금의 여래입상 1구(높이 9.7㎝)가 발견되었고, 제1층 옥개석에서는 구리거울, 경문, 수라향 합낭 등의 각종 사리장치가 발견되었다.

이 중 수라향합낭은 현존 최고(最古)의 자수유물이며 최상의 수라유품으로 일본과 중국의 편금사나 연금사의 기법과 달리 표면에 금과 은을 입힌 니금사 기법이 사용돼 매우 주목된다.

2000년 8월 석조 보살상을 수리하기 위하여 아래층을 발굴한 결과 그동안 묻혀 있던 하대석도 추가 발견되었고, 석탑 기단부 아래 토층에서 12세기에 주조된 동전이 발견되었다.

석탑의 조성 시기에 대해서 그동안 고려 초기 10세기로 추정하였으나, 석탑 기단부보다 먼저 조성된 토층에서 1102년에서 1106년에 조성된 성송원보(聖宋元寶) 동전이 발견됨으로써 이 토층 위에 조성된 석탑은 최소한 12세기 이후에 건립된 것으로 보고 있어 학자 간의 의견차가 다소 있다. 또한 이 탑은 고구려적인 요소가 많은 것으로 보아 몰락한 고구려의 배경을 가진 신효거사와 신의두타

가 강력한 지방 세력과 지방관의 지원 아래 조성했을 가
능성이 높다고 제시한 견해도 있다.

출토 유물(월정사 성보박물관 소장)

석조 보살상

법주사 팔상전

法住寺捌相殿

국보 제55호

소재지: 충청북도 보은군 내속리면 사내리 209 법주사

법주사 팔상전은 우리나라에 남아 있는 유일한 5층 목조탑으로 지금의 건물은 임진왜란 이후 선조 38년(1605)부터 공사를 시작하여 인조 4년(1626)에 완성된 것이다. 1968년에 해체·보수되었는데 당시 심초석 상면에서 은제 사리호 등의 사리장엄구가 발견되었다.

5매의 청동판으로 조립된 사리함은 현재 동국대학교박물관에 소장되어 있다.

1층 벽면 네 벽에는 도솔내의, 비람강생, 사문유관, 유성출가, 설산수도, 수하항마, 녹원전법, 쌍림열반 등 석가모니 부처님의 일대기 중 여덟 가지 중요 사건을 묘사한 팔상도(八相圖)가 그려져 있어 팔상전이라 이름 붙였다. 총 높이는 상륜부(相輪部)를 포함하여 22.8m이다.

1층과 2층은 5칸, 3·4층은 3칸, 5층은 2칸씩으로 되어 있고, 4면에는 돌계단이 있는데 낮은 단층기단 위에 서 있어 크기에 비해 안정감을 준다. 내부 가운데에는 찰주(擦

柱)의 심초석(心礎石)이 있어 이 위에 심주(心柱)를 세워 상륜부(相輪部)까지 통하게 하였다.

지붕의 처마를 받치고 있는 공포가 다른 목조 건물에 비해 특이하다.

팔상전 외부 장식 중 2층 처마 밑 네 모서리에 장식된 난쟁이 형상의 인물상과 용의 형상이 눈길을 끈다. 난쟁이 상은 두 개의 연꽃 봉오리 위에 쪼그리고 앉아서 두 팔과 머리로 추녀를 받치고 있는 모습을 하고 있다. 모서리 앞에는 풍탁이 걸려 있다.

지붕은 꼭대기 꼭짓점을 중심으로 사모지붕으로 만들었으며, 지붕 위쪽에는 노반(露盤)이 있고, 철제 오륜의 상륜부(相輪部)가 남아 있다. 층마다 공포 형식이 다른데, 1층부터 4층까지는 주심포식이고, 5층은 다포식으로 하였다. 팔상전 내부에는 사면에 불단을 두어 불상을 안치해 예불 건물과 상징적 탑의 이중 기능을 갖는다.

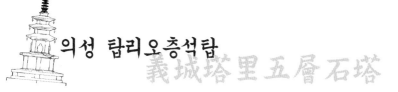

의성 탑리오층석탑

義城塔里五層石塔

국보 제77호

소재지: 경상북도 의성군 금성면 탑리리 1383-1

　이 탑은 낮은 단층 기단(基壇) 위에 5층의 탑신(塔身)을 세운 모습으로, 돌을 벽돌 모양으로 다듬어 쌓아 올린 전탑(塼塔) 양식과 목조 건축의 수법을 동시에 보여 주고 있다. 높이는 9.6m이다

　열네 장의 판석으로 된 지대석 위에 24석으로 면석(面石)을 구성하고 있다. 목조 건축을 본떠 가운데 기둥과 모서리기둥을 구성하였다. 탑신은 1층이 높으며 2층부터는 높이가 급격히 줄어드는 모습을 보이는데, 몸돌의 각 면에는 각각 우주(隅柱)와 탱주(撑柱)가 있으며, 엔타시스 수법에 따라 조성되었다. 1층 몸돌에는 감실(龕室)을 설치하였다. 북쪽 면석에 새겨져 있는 글자는 일본 연호인 대정(大正) 15년 6월, 1926년 6월에 유촌정치(有村正治)라는 일본인과 신기섭(申基燮)이라는 한국인 등 8명이 석탑 보존회를 만들어 이 석탑을 고쳐 세웠음을 기념하여 새긴 것이다.

지붕돌은 전탑에서 보이는 것처럼 밑면뿐만 아니라 윗면
까지도 층을 이루고 있는데 윗면이 6단, 아랫면이 5단이다.

우주(隅柱)와 탱주(撑柱)에서 보이는 엔타시스 수법과
추녀 전각부(轉角部)의 반전(反轉) 등에서 목조 건축의
양식을 볼 수 있다.

또한 지붕돌에서 전탑(塼塔)의 조성 기법을 보여 주며,
신라 탑 중에서 경주 분황사탑(국보 제30호) 다음으로 오
래된 탑이다.

조성 시기는 7세기 후반으로 보고 있으나, 고선사지 삼
층석탑(국보 제38호)이나, 감은사지 삼층석탑(국보 제112
호) 다음으로 조성된 700년 전후의 탑이라는 견해도 있다.

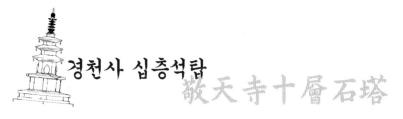

경천사 십층석탑
敬天寺十層石塔

국보 제86호

소재지: 서울특별시 용산구 용산동 6가 168-6
국립중앙박물관

이 탑은 경천사 절터에 있던 것을 1907년에 일본 궁내 대신 다나카 미쓰아키[田中光顯]가 불법으로 해체하여 일본으로 반출한 후 1918년 우리나라로 반환되었으나 파손이 심하여 경복궁 근정전 회랑에 있다가 1960년에 수리·재건되었고, 다시 1995년 해체된 후 보존 처리되어 2005년 8월 9일 국립중앙박물관에 다시 전시되었다.

대리석으로 만들었으며 3단으로 된 기단(基壇)은 위에서 보면 아(亞)자 모양이고, 그 위로 올려진 10층의 높은 탑신 역시 3층까지는 기단과 같은 아(亞)자 모양이었다가, 4층에 이르러 정사각형의 평면을 이루고 있다.

기단과 탑신에는 불상, 보살, 풀꽃무늬 등 화려한 조각이 가득 차 있다. 4층부터는 각 몸돌마다 난간을 돌리고, 지붕돌은 팔작지붕 형태의 기왓골을 표현해 놓는 등 목조건축을 연상케 한다.

1층 몸돌 이맛돌에 至正八年戊子三月日(지정팔년무자삼월일)이란 조탑명(造塔銘) 기록이 남아 있어 고려 충목왕 4년(1348)에 세웠다는 것을 알 수 있다. 동서남북, 4면이 튀어나온 기단부에서는 원나라 라마탑 양식이 엿 보이는 반면 탑신마다 조각된 불상들은 고려 후기 불교 미술의 단아함을 보여준다. 특히 처마를 받치는 나무 장식이 여러 개인 고려의 다포 양식을 간직한 유일한 건축물이다.

조선시대에 원각사지 탑에까지 그대로 계승된 점에서 우리나라의 석탑 양식의 하나의 어떤 새로운 기준을 정해 줬던 그런 탑이라 할 수 있다.

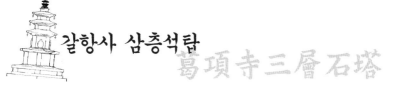

갈항사 삼층석탑
葛項寺三層石塔

소재지: 서울특별시 용산구 용산동 6가 168-6
국립중앙박물관

　이 탑은 원래 경상북도 김천시 남면 오봉리 갈항사 터에 동·서로 세워져 있던 것으로, 일제시대에 일본으로 반출될 위기에 처하자 1916년 경복궁으로 옮겼다가, 현재 국립중앙박물관에 옮겨 놓았다.

　이중 기단(基壇) 위에 3층의 탑신(塔身)을 올린 모습이며, 서로 규모와 구조가 같다. 동탑 높이 4.3m, 서탑 높이 4m이다.

　기단에는 탱주(撐柱)와 우주(隅柱)를 새겼다. 몸돌과 지붕돌을 각각 하나의 돌로 구성하였다. 지붕돌의 층급 받침은 5단씩이다. 기단과 탑신에는 많은 정혈(丁穴)이 있는데, 금동판으로 장식을 부착한 장엄의 흔적이라 추정된다.

　동탑의 기단에 통일신라 경덕왕 17년(758)에 영묘사 언적법사 3남매가 건립하였다는 내용이 새겨진 이두문 명문(銘文)이 있어 만들어진 연대를 알 수 있다. 상륜부(相輪

部)는 모두 없어졌다.

1916년 경복궁으로 옮기는 과정에서 사리장치가 발견되었다. 사리장치는 동·서탑 모두가 기단 밑의 가공석(加工石)에 마련된 사리공(舍利孔)에 안치되어 있었는데, 모두 동호(銅壺) 안에 금동병(金銅甁)을 내사리(內舍利)로 봉안하였다.

두 탑은 각 부분의 비례가 조화를 이루고, 위 아래층 기단에 탱주(撑柱)가 두 개씩 새겨져 있어 당시의 석탑 양식을 알 수 있는 탑이다.

갈항사는 신라 화엄종의 고승인 승전(勝詮) 법사가 경전을 주석하면서 화엄을 강의하던 사찰로 『삼국유사』에 기록된 유명한 사찰이다.

갈항사지 동탑 기단 명문기

二塔天寶十七年戊戌中立在之
娚姉妹三人業以成在之
娚者零妙寺言寂法師在㫆
姉者 照文皇太后君妳在㫆
妹者 敬信太王妳在也

출전: 『譯註 韓國古代金石文』 Ⅲ(1992)

두 탑은 천보(天寶) 17년 무술에 세우시니라. 남자형제

와 두 여자형제 모두 셋이 업으로 이루시니라. 남자형제
는 영묘사(零妙寺)의 언적(言寂) 법사이며, 큰누이는 조문
황태후(照文皇太后) 님이시며, 작은누이는 경신태왕(敬信
太王)이시니라.

출전: 『譯註 韓國古代金石文』 III(1992)

동탑 기단의 명문

갈항사 삼층석탑(葛項寺三層石塔)▌*109*

갈항사지 동·서 석탑 사리기(국립대구박물관소장)

갈항사 동탑 준제진언(국립대구박물관소장)

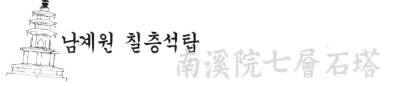

남계원 칠층석탑

南溪院七層石塔

국보 제100호

소재지: 서울특별시 용산구 용산동 6가 168-6
국립중앙박물관

이 탑은 원래 경기도 개성 부근의 남계원 터에 남아
있던 탑으로, 예전에는 이 터가 개국사(開國寺)의 옛터로
알려져 개국사탑으로 불려 왔으나, 나중에 남계원의 터임
이 밝혀져 탑의 이름도 남계원칠층석탑으로 고쳐지게 되
었다. 1915년에 경복궁으로 옮겨질 당시에는 기단부 없이
탑신부 위쪽만 남아 있었고, 현재는 국립중앙박물관에 옮
겨져 있다.

1915년 탑을 옮겨 세울 때, 탑신부에서 두루마리 7개의
『감지은니묘법연화경』이 발견되었는데, 이는 고려 충렬왕
9년(1283)에 탑 속에 넣은 불교경전으로, 이때 탑을 보수
했음을 알 수 있다.

기단은 신라의 일반형 석탑에 비해 아래층 기단이 훨씬
높아졌고, 2층 기단은 약간 낮아져 있다.

탑신부는 몸돌과 지붕돌을 각각 1개의 돌로 조성하였으

며, 몸돌의 모서리마다 기둥 모양의 조각을 새겨 두었다.

지붕돌은 추녀가 두껍고 전각부(轉角部)에 이르러 윗면에서 완만한 곡선을 그리다가 반전(反轉)되어 있다. 옥개받침은 각 층이 3단이다. 상륜부(相輪部)는 한 개의 돌로 조각된 노반(露盤)과 복발(覆鉢)만이 남아 있다.

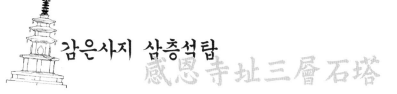

감은사지 삼층석탑

感恩寺址三層石塔

국보 제112호

소재지: 경상북도 경주시 양북면 용당리 55-1

감은사 터에 나란히 동·서로 있는 탑이다. 이중 기단 (基壇) 위에 3층 탑신(塔身)을 올린 모습으로, 쌍탑 양식 으로 최초의 탑이다.

하층기단은 지대석과 면석(面石)을 같은 돌로 만들었으 며, 모두 12장의 석재로 이루어졌고, 상층기단은 면석을 12 장으로 만들었다.

갑석(甲石)은 하층이 12장, 상층이 8장이며, 탱주(撑柱) 는 하층에 3개, 상층에 2개를 세웠다.

이 탑의 가장 큰 특징은, 각 부분들이 하나의 통돌로 이 루어진 것이 아니라 수십 개에 이르는 부분석재로 조립되 었다는 것이다.

각 석탑에 사용된 부재는 기단석 44점, 탑신석 13점, 옥 개석 24점, 노반석 1점 등 총 82점의 석재가 사용되었다.

탑신은 초층에 우주(隅柱)와 면석을 따로 세웠고, 2층은 각 면을 1장씩, 3층은 전체를 1장의 돌로 얹었다. 옥개는 옥개석과 받침들이 각각 4개씩이며 5단의 층급 받침을 이루고 있다.

상륜부(相輪部)는 노반(露盤)과 철제 찰간(擦竿)이 남아 있다. 탑은 신문왕 2년(682)에 건립된 감은사와 연대를 같이 본다.

1959년 12월 서탑을 해체 보수할 때 3층 몸돌에서 처음 건립 당시 설치된 것으로 보이는 사리장치(보물 제366호)가 발견되었다.

1996년 4월 25일 동탑을 해체·보수하였는데, 3층 지붕돌 상면 사리공에서 금동사리함(보물 제1359호)이 발견되었다. 사리는 서탑에서 1과 동탑에서 54과가 발견되었다. 2008년 8월 10일 서탑은 해체·보수되었다.

감은사지 삼층석탑(感恩寺址三層石塔) ▌*115*

동탑 사리장엄구(국립중앙박물관 소장)

동탑 사리장엄구(국립중앙박물관 소장)

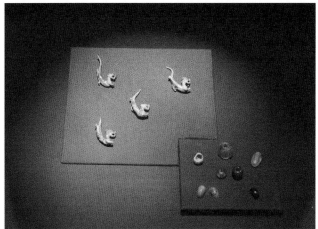

동탑 사리장엄구(국립중앙박물관 소장)

서탑 사리장엄구 사천왕상(국립경주박물관 소장)

서탑 사리장엄구(국립경주박물관 소장)

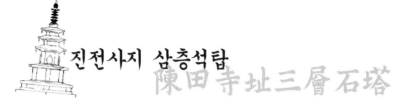

진전사지 삼층석탑
陳田寺址三層石塔

국보 제122호
소재지: 강원도 양양군 강현면 둔전리 100-2

이 탑은 이중 기단(基壇) 위에 3층의 탑신(塔身)을 올려놓았다.

하층기단은 지대석 위에 네 장의 판석으로 조립하였는데, 천인상(天人像)이 조각되어 있으며, 상층기단 면석(面石)은 1면 2매씩 모두 8매 석으로 조립되었는데, 양쪽에 우주(隅柱)가 새겨져 있고, 중앙의 1탱주(撑柱)로 양분하였는데 구름 위에 앉아 무기를 들고 있는 팔부신중(八部神衆)이 조각되어 있다.

탑신의 몸돌과 지붕돌은 각각 하나의 돌로 만들어졌는데, 1층 탑신에는 다양한 모습의 사방불(四方佛)이 각 면마다 양각되어 있다.

사방불은 모두 앙련좌(仰蓮坐) 위에 결가부좌하고 앉아 원형의 두광(頭光)과 신광(身光)을 갖추고 있다.

지붕돌은 처마의 네 귀퉁이가 살짝 올라가 경쾌하며, 밑면에는 5단씩의 받침을 두었다. 3층 지붕돌 위에는 중앙에

지름 10㎝, 깊이 10㎝의 찰주(擦柱) 구멍이 있는데, 그 밑
면은 지름 7.5㎝로 약간 좁아들었다. 상륜부(相輪部)에는
노반(露盤)만 남아 있다. 진전사는 통일신라시대에 도의국
사가 창건한 절이라 전하는데, 1974년부터 1979년까지 6차

례에 걸쳐 발굴 조사되었고, 이곳에서 진전(陳田)이란 글씨
가 새겨진 기와 조각이 발견되었다.

사방불

팔부중상 동면(야차-용)

팔부중상 서면(가루라-천)

팔부중상 남면(아수라-건달바)

팔부중상 북면(긴나라-마후라가)

기단 천인상

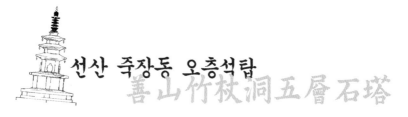

선산 죽장동 오층석탑
善山竹杖洞五層石塔

국보 제130호

소재지: 경상북도 구미시 선산읍 죽장리 505-2 서황사

이 탑은 이중 기단(基壇) 위에 5층 탑신(塔身)을 세웠다.
면석에는 우주(隅柱)와 탱주(撑柱)를 표현하지 않았다.

탑신부 몸돌과 지붕돌은 여러 장의 석재를 사용하였는
데, 1층 몸돌 남쪽 면에는 감실(龕室)이 마련되어 있으며,
그 주위로 문을 달았던 흔적이 남아 있다.

지붕돌의 아래위 면은 전탑(塼塔)에서와 같은 계단 모
양으로 이루어져 있다. 지붕돌받침은 6단이고, 7단의 층계
식 낙수면으로 구성되었으며 낙수 홈은 음각되었다. 2층
의 지붕돌받침은 5단, 3층은 4단, 4층은 3단, 5층은 3단으
로 구성되었다. 상륜부(相輪部)는 노반(露盤)만이 남아 있
다. 높이 10m가 넘는 큰 탑으로 통일신라 9세기 전반 석
탑의 조형미를 잘 보여 주는 작품이다. 1972년 9월 2일
해체 · 복원되었다.

전해지는 이야기를 살펴보면 옛날에 두 남매가 살았는
데, 서로 재주를 자랑하다가 누가 먼저 탑을 건립하겠는가

하고 서로 경쟁을 하기로 하였다. 오빠는 다른 곳에서 탑을 쌓고, 누이는 죽장사에 석탑을 세우게 되었는데, 누이가 먼저 오층석탑을 완성하여 이기게 되었다.

봉감 모전 오층석탑
鳳甘模塼五層石塔

국보 제187호

소재지: 경상북도 영양군 입암면 산해리 391-5

이 탑은 수성암으로 쌓은 모전석탑(模塼石塔)으로, 단층 기단(基壇)위에 5층의 탑신(塔身)을 올린 모습으로 높이 11m이다.

기단은 낮게 바닥을 깔고, 10여 개의 길고 큰 돌을 짜서 쌓았다. 그 위의 탑신은 몸돌과 지붕돌 모두 벽돌 모양의 돌로 쌓았다.

1층 몸돌에는 감실(龕室)을 두었는데, 감실 양쪽에 둔 2개의 화강암 기둥에 天王門 四大菩薩家라고 쓴 후대의 글씨가 있다.

2층 이상의 몸돌은 독특하게도 중간 정도의 높이마다 돌을 돌출되게 내밀어 띠를 이루고 있다. 지붕돌은 아래위 면 모두 계단 모양의 층을 이루고 있으며, 처마의 너비는 위로 올라갈수록 좁아져 있다.

1990년에 해체, 수리되는데, 5층 지붕 상부에서 직사각형 구멍이 발견되었고, 4층 탑신에서는 나무 기둥의 흔적이 발견되었는데, 이는 목탑의 심주와 같은 기능을 하였던 것으로 보이며, 3층 탑신에서는 사리석함 일부만 발견되었다. 조각수법으로 보아 통일신라시대 후기에 세워진 것으로 추정된다. 2000년 5월에 수리된 바 있다.

탑이 있는 마을을 봉감(鳳甘)이라고 부르기도 하여 봉감 모전탑이라 이름 붙여졌다.

봉감 모전 오층석탑(鳳甘模塼五層石塔) ▮ *133*

월성 장항리사지 서오층석탑

月城 獐項里 寺址 西五層石塔

국보 제236호

소재지: 경상북도 경주시 양북면 장항리 1083

이곳은 절의 이름을 정확히 알 수 없어 마을의 이름인 장항리를 따서 장항리사지라 부르고 있다.

현재 금당 터를 중심으로 동탑과 서탑이 나란히 서 있는데, 1923년 도굴범에 의해 붕괴된 것을 1932년에 복원이 가능한 서탑만을 새로이 복원해 놓았고, 1966년 동탑은 계곡에서 끌어올려 현재와 같이 포개 놓았다.

서탑은 이중 기단(基壇) 위에 5층의 탑신(塔身)을 올렸으며, 기단부는 넓게 만들어져 안정감이 있으며, 하층기단에는 양쪽에 우주(隅柱)를 새기고, 각 면에 2개씩의 탱주(撑柱)를 새겼다. 상층기단부에도 양 우주와 각 면에 2개씩의 탱주를 새겼다.

탑신부는 몸돌과 지붕돌이 각각 하나의 돌로 이루어져 있으며, 1층 몸돌의 각 면마다 문 모양을 조각하고 좌우에는 연화대좌 위에 서 있는 한 쌍의 인왕상(仁王像)을 새겨 놓았다.

지붕돌은 밑면에 5단씩의 층급 받침을 두고 있고, 경사면은 평평하고 얇으며 네 귀퉁이는 뚜렷하게 치켜 올려져 경쾌함을 더하며, 추녀 끝에는 풍탁을 달았던 작은 구멍이 있다. 상륜부(相輪部)는 노반(露盤)만 남아 있다. 조각수법으로 보아 8세기 전반 통일신라시대 탑으로 추정된다.

인왕상

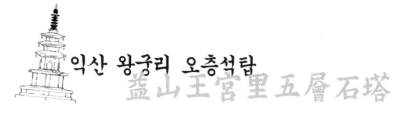

익산 왕궁리 오층석탑

益山 王宮里 五層石塔

국보 제289호

소재지: 전라북도 익산시 왕궁면 왕궁리 산80

　이 탑은 단층 기단(基壇) 위에 5층의 탑신(塔身)을 올렸으며, 높이는 8.5m 이다. 기단부가 파묻혀 있던 것을 1965년 해체하여 수리하면서 모습이 드러났다. 1976년 이 탑 주변 발굴 조사에서 관궁사(官宮寺), 대관관사(大官官寺), 대관사(大官寺)라는 글자가 쓰인 기와 조각이 출토되어 사찰과 관련된 것으로 보이며, 목탑이 불탄 후에 다시 세워진 것이다. 기단부에 탱주(撐柱)가 2개 있고 1층부터 5층까지 탑신부 몸돌의 네 모서리마다 우주(隅柱)를 새겼으며, 1층 몸돌에는 다시 면의 가운데에 탱주(撐柱)를 별도의 판석으로 조각했다.

　지붕돌은 얇고 밑은 반듯하며 미륵사지 석탑 양식을 충실히 반영하고 있다. 각 층 지붕돌의 윗면에는 몸돌을 받치기 위해 다른 돌을 끼워 놓았다. 상륜부(相輪部)는 노반(露盤), 복발(覆鉢), 앙화(仰化)와 파손된 보륜(寶輪)이 남아 있다.

　지붕돌이 얇고 넓어 빗물을 받는 낙수면이 평평한 점
이나, 탑신부 1층의 지붕돌이 기단보다 넓은 점 등 백제
석탑의 양식을 일부 유지하고 있다. 탑의 편년에 대해서
는 백제시대설과 통일신라 초기설, 고려시대 초기설 등
의견이 분분한 상태였으나, 1965년 보수 작업 때 기단의
구성 양식과 기단 안에서 찾아낸 사리장치의 양식이 밝
혀졌다. 따라서 그 시기가 통일신라 말기에서 고려 전기
의 작품으로 추정된다.

　발견된 고려시대 유물은 국보 제123호로 지정되어 국
립전주박물관에 보관하고 있다.

　주변은 1989년부터 2008년까지 국립부여문화재연구소에
의해 연차 발굴 조사가 진행되고 있는데, 그동안의 조사
에서 백제시대의 궁궐 담장(宮墻) 및 축대(石築), 대형화장

실, 정원(庭園), 와적기단(瓦積基壇) 건물지, 공방지(工房址)
등 궁성 관련 유구와 오층석탑(국보 제289호) 주변에서 금
당지, 강당지 등 통일신라시대 사찰유구가 확인되었고, 왕
궁사(王宮寺)·대관관사(大官官寺)명(銘) 명문와, 수부(首府)
명 인장와, 연화문 와당, 금제 영락(瓔珞), 유리구슬, 뒤처
리용 나무막대, 각종 토기 및 중국제 청자편 등 총 3,000
여 점의 중요 유물이 출토되었다.

사리장엄(국립전주박물관 소장)

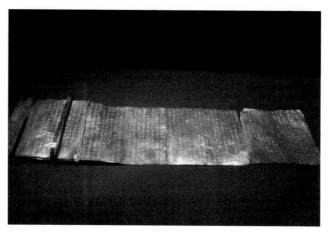

사리장엄(국립전주박물관 소장)

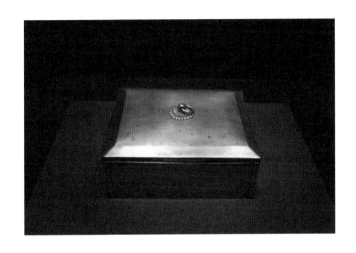

사리장엄(국립전주박물관 소장)

부 록

탑의 명칭
탑의 명칭 용어 해설
참고 문헌

* 이 자료는 한국의 탑(http://www.stupa.co.kr/)에서 인용하였습니다.
  자료를 협조해 주신 윤광수 선생님께 감사드립니다.

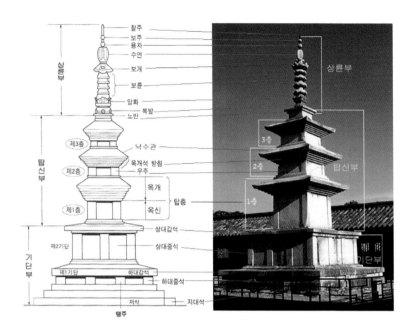

찰주
보주
용차
수연
보개
보륜
앙화
복발
노반
상륜부

제3층
낙수관
옥개석 받침
제2층
우주
옥개
제1층
옥신
탑층
탑신부

상대갑석
제2기단
상대중석
기단부
제1기단
하대갑석
하대중석
저석
지대석
탱주

상륜부

3층
2층
탑신부
1층

기단부

탑의 명칭

탑신괴임 ──

각형(角形:사각모양)
의 괴임 ──

성주
법수사지석탑

상층기단(2층기단)

하층기단(1층기단)

통일신라
802년 건축

상단기단갑석

우
주

탱
주

탱
주

우
주

기단괴임

탑의 명칭 용어 해설

상륜부(相輪部): 쇠붙이로 된 기둥, 원기둥 모양의 장식이 있는 불탑의 꼭대기 부분(윗부분)을 말한다. 노반, 복발, 앙화, 보륜, 보개, 수연, 용차, 보주 등으로 구성되는데 탑두부라고도 한다.

찰주(擦柱): 상륜의 심주(心柱). 탑의 꼭대기의 장대.

보주(寶珠): 불교의 여의주. 탑이나 석등에서는 가장 꼭대기에 있는 공 모양의 부분으로서 위가 뾰족하고 좌우 양쪽과 위에서 불길이 타오르고 있는 형식으로 된 구슬.

용차(龍車): 석탑 상륜부의 수연과 보주 사이에 있는 장식물. 곧 왕을 상징하며 최고의 자리를 의미한다.

수연(水煙): 탑의 상륜부에서 보개와 용차 사이에 있는 불꽃 모양으로 만들어진 장식.

보개(寶蓋): 상륜부의 보륜(寶輪)과 수연(水煙) 사이에 있는 닫집 모양의 부분.

보륜(寶輪): 상륜부의 중심이 되는 부분. 노반 위의 앙화(仰花)와 보개(寶蓋)와의 중간에 위치한 9개의 바퀴 모양으로 된 부분.

앙화(仰花): 탑 꼭대기의 보륜 밑에 꽃이 위로 피어난 듯이 조각된 부분. 신전이나 궁전을 의미한다.

복발(覆鉢·伏鉢): 상륜부의 노반 위에 있는 발(鉢)을 엎어 놓은 모양으로 된 부분.

노반(露盤): 탑의 상륜을 받치는 보통 사각형의 돌. 이 노반 위에 복발(覆鉢)이 있다. 귀한 사람을 모실 때나 혹은 신성한 물건을 다룰 때 높이는 뜻에서 만들어진 것으로 경의를 표하는 의미이다.

감실(龕室): 벽에 작고 우묵하게 만든 자리. 일반적으로 불상을 모셔 둔다.

갑석(甲石): 돌 위에 다시 포개어 얹는 납작하고 판판한 돌.

갑석부연(甲石副椽): 갑석 아랫부분에 계단 형식의 돌.

귀꽃: 석탑 등의 귀마루 끝에 새겨진 초화형(草花型)의 장식.

기단(基壇): 건물, 탑 등의 밑에 한 단 높게 만든 지단(地壇).

기단부(基壇部): 기단이 되는 부분. 탑에서는 지반(地盤)에서부터 초층 탑신괴임까지이다.

낙수면(落水面): 탑이나 비석의 옥개석 지붕면

면석(面石): 석탑 등에 있어서, 기단의 대석과 갑석 사이를 막아 댄 넓은 돌.

모각(模刻): 돌이나 나무에 본떠 새기는 일.

모전탑(模塼塔): 돌을 벽돌 모양으로 깎아서 쌓아 올린 탑.

몰딩(moulding): 건축이나 공예에서 창틀, 가구 등의 테두리 장식으로서 보통 사분원(四分圓)의 형태를 띤다.

문비(門扉): 문짝.

반전(反轉): 반대로 구르거나 굴리는 일, 또는 반대로

뒤집거나 돌아가는 일.

복련(伏蓮): 연꽃을 엎어 놓은 모양. 꽃부리가 아래로 향한 연꽃 모양의 무늬.

부연(附椽): 처마서까래 끝 위에 씌운 네모진 짧은 서까래.

사리(舍利): 부처나 고승의 열반 후 화장(火葬)하면 남는 구슬.

산개(傘蓋): 탑 꼭대기에 있는 우산 모양으로 장식된 부분.

상대갑석(上臺甲石): 석탑에서 옥신석을 받는 크고 넓적한 돌. 상대중석 위에 있다.

상대중석(上臺中石): 석탑에서 상대갑석과 하대갑석 사이에 세워진 돌로서 상대갑석을 바치고 있다.

안상(眼象): 격간(格間)이나 석물(石物) 좌대의 8면에 새김질하여 파낸 조각의 한 가지.

앙련(仰蓮): 꽃부리가 위로 향한 연꽃 모양의 무늬.

앙련좌(仰蓮座): 앙련을 새긴 대좌.

앙화(仰花): 탑 꼭대기의 보륜 밑에 꽃이 위로 피어난 듯이 조각된 부분.

옥개석(屋蓋石): 탑의 옥신석 위에 덮은 지붕 모양의 돌.

옥신 · 탑신(屋身 · 塔身): 불탑에서 탑신부 하부에 있는 옥개를 받치고 있는 돌.

옥신괴임: 석탑에서 옥개석과 옥신석을 이어 주는 괴임돌.

우각(隅角): 모퉁이, 구석.

우동(隅棟, 仰角): 탑 옥개석의 귀마루 부분.

우주(隅柱): 건물이나 탑의 귀퉁이에 세운 기둥.

장대석(長臺石): 섬돌 층계를 놓거나 축대를 쌓는 데 쓰기 위하여 길게 다듬어 만든 돌.

전탑(塼塔): 흙벽돌로 쌓아 올린 탑.

중대석(中臺石): 석등의 화사석을 받친 대석.

지대석(地臺石): 지대를 이루는 돌.

청석탑(靑石塔): 점판암으로 쌓은 탑.

탑신부(塔身部): 탑의 기단부와 탑두부 사이에 있는 탑의 몸체를 이루는 부분.

탑신괴임: 탑신 밑에 단을 이루어 탑신을 바치는 돌. 상대갑석과 탑신과의 사이에 놓는다.

탱주(撑柱): 탑의 기단부 면석 가운데에 있는 버팀목 기둥.

풍령(風鈴): 풍경. 처마 끝에 다는 경쇠. 작은 종 모양으로 만들고, 그 속에 쇳조각으로 붕어 모양을 만들어 달아서 바람이 부는 대로 흔들려 소리가 나게 되어 있다.

하대갑석(下臺甲石): 탑 기단부에서 중석 받침과 하대중석 사이에 있는 받침.

하대석(下臺石): 석등이나 또는 탑의 간석, 혹은 상대석 밑에 받친 대석.

하대중석(下臺中石): 탑 기단부에서 하대갑석을 받치고 있는 대석.

참고 문헌

보고서 및 단행본

경상북도 龜尾市, 『善山 竹杖洞 五層石塔 實測調查報告書』, 2004.

국립문화재연구소, 『감은사지 동 삼층석탑 사리장엄』, 2000.

국립문화재연구소, 『감은사지서삼층석탑』, 2005.

국립문화재연구소, 『彌勒寺址石塔 解體調查報告書 Ⅰ-Ⅲ』, 2003.

국립문화재연구소, 『경주 나원리 오층석탑 사리장엄』, 1998.

김희경, 『塔』, 열화당, 1980.

강우방·신용철, 『탑』, 솔, 2003.

대구MBC편 이른아침 편집부, 『다보탑』, 이른아침, 2004.

단국대중앙박물관 편, 『진전사지 발굴보고』, 1989.

박경식, 『석조미술의 꽃 석가탑과 다보탑』, 한길아트, 2003.

박경식, 『KOREAN ART BOOK 10(탑파)』, 예경, 2001.

박경식, 『우리나라의 석탑』, 역민사, 1999.

정영호, 『석탑』, 대원사, 1999.

장충식, 『新羅石塔研究』, 一志社, 1987.

장충식, 『韓國의 塔』, 一志社, 1989.

장충식, 『한국 불교 미술 연구』, 시공사, 2004.

논 문

김창호, 「삼국시대 석탑의 선후관계와 의성 탑리 석탑의 창
　　　건시기」, 『科技考古硏究』 9집, 아주대학교 박물관, 2003.
박보경, 「경주 고선사지 가람배치와 삼층석탑 연구」, 동국대
　　　대학원 석사학위논문, 2005.
朴洪國, 「慶州 安康邑 淨惠寺址 石塔의 持異點에 대하여」,
　　　『佛敎考古學』 4, 威德大學校博物館, 2004.
薛東先, 「佛國寺 多寶塔에 관한 硏究」, 동아대교육대학원 석
　　　사학위논문, 1985.
최미순, 「불국사 석가탑·다보탑의 구성에 대한 해석시론」,
　　　이화여대 대학원 석사학위논문, 2000.
李順英, 「華嚴寺 四獅子三層石塔에 關한 硏究」, 단국대학교
　　　대학원 석사학위논문, 2007.
이은희, 신은정, 김사덕, 「경천사 10층석탑 복원에 관한 고
　　　찰Ⅰ—상륜부를 중심으로—」, 『文化財』 35, 2003.
林宰完, 「慶州 佛國寺 多寶塔 硏究」, 동국대대학원 석사학
　　　위논문, 2003.
지현병, 「最近 陳田寺址 發掘調査에 대한 考古學的 檢討」,
　　　『박물관기요』 17, 檀國大學校石宙善紀念博物館, 2002.
채무기, 「7세기 석탑에 관한 연구」, 단국대대학원 석사학위
　　　논문, 2006.
홍윤식, 「원각사지 10층 석탑의 조각내용과 그 역사적 위치」,
　　　『원각사지십층석탑 실측조사보고서』, 문화재관리국 1993.

· 저자 소개 ·

김환대

　경북 경주 출생.
　대학에서 고고미술사학을 공부하고
　대학원에서 역사교육을 전공하였다.
　관광 여행분야 칼럼 연재.
　문화재 행정모니터 · 문화유적답사회장.
　현재 어린이 문화 체험학습
　삼국유사 현장기행 진행을 맡고 있으며,
　전국의 문화유적을 찾아 답사하고 있다.

저서
　『신라왕릉』, 『경주의 불교문화유적』
　『경주남산』, 『한국석탑 장엄조식』

김성태

경남 마산 출생.
전공과 상관없이 옛것이 좋아 답사를 다니다가
탑의 멋에 빠져 탑을 보고 찍으러 다닌다.
인터넷 동호회 활동을 하며 지금도 전국의 탑을 찾아 헤매고
있다.

탑파시리즈 ①

국보편 한국의 탑

• 초판 인쇄	2008년 10월 25일
• 초판 발행	2008년 10월 25일
• 지 은 이	김환대, 김성태
• 펴 낸 이	채종준
• 펴 낸 곳	한국학술정보㈜
	경기도 파주시 교하읍 문발리 513-5
	파주출판문화정보산업단지
	전화 031) 908-3181(대표) · 팩스 031) 908-3189
	홈페이지 http://www.kstudy.com
	e-mail(출판사업부) publish@kstudy.com
• 등 록	제일산-115호(2000. 6. 19)
• 가 격	15,000원

ISBN 978-89-534-9982-9 93900 (Paper Book)
     978-89-534-9983-6 98900 (e-Book)